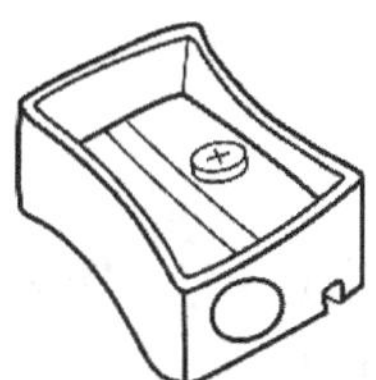

Les verbes

Niveau 1

Marocain - Français

pour les enfants

Bon à savoir

Vous remarquerez que certains mots traduits du français vers le marocain (romanisé) comportent des chiffres, cela pour représenter certaines lettres en arabe classique non existantes en langue française.

3 = ع   Prononcé: 'Ayn
EX: 3neb (Aaneb) Raisins

7 = ح   Prononcé: Ḥa
EX: Teffa7 (Teffah) Pomme

9 = ق   Prononcé: qaf
EX: 9erd (Qerd) Singe

Kayl3ab

كَيْلعَب

Jouer

Kay9ra

كَيْثُرَا

Lire

Kayfakker

كَيْفَكَّرْ

Réfléchir

Rba7

رَبَح

Gagner

Kay9alleb

Chercher

Kaysoug

گَيْسوقْ

Conduire

Kaychri

كَيْشْرِي

Acheter

Kay3awen

كَيْعَاوَن

Aider

Kayddawi

كَيْضَوِّي

Allumer

Kaytassel

كَيْتَّصَل

Appeler

Zlag

زْلَقْ

Kay7bes

گَيْخْبَسْن

Arrêter

Ja
جَا
Arriver

Harras

هَرَّسَ

Casser

Wafe9

وَافِقْ

Accepter

Kaykhtar

كَيْخْتَاز

Choisir

Kay7sab

كَيْخسَب

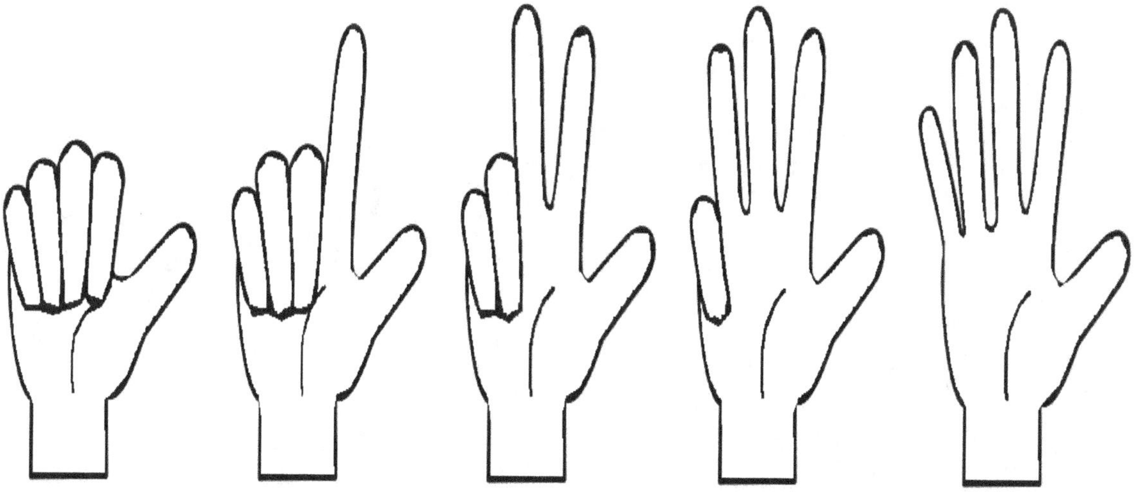

Compter

Kay9atta3

كَيْقَطَّغْ

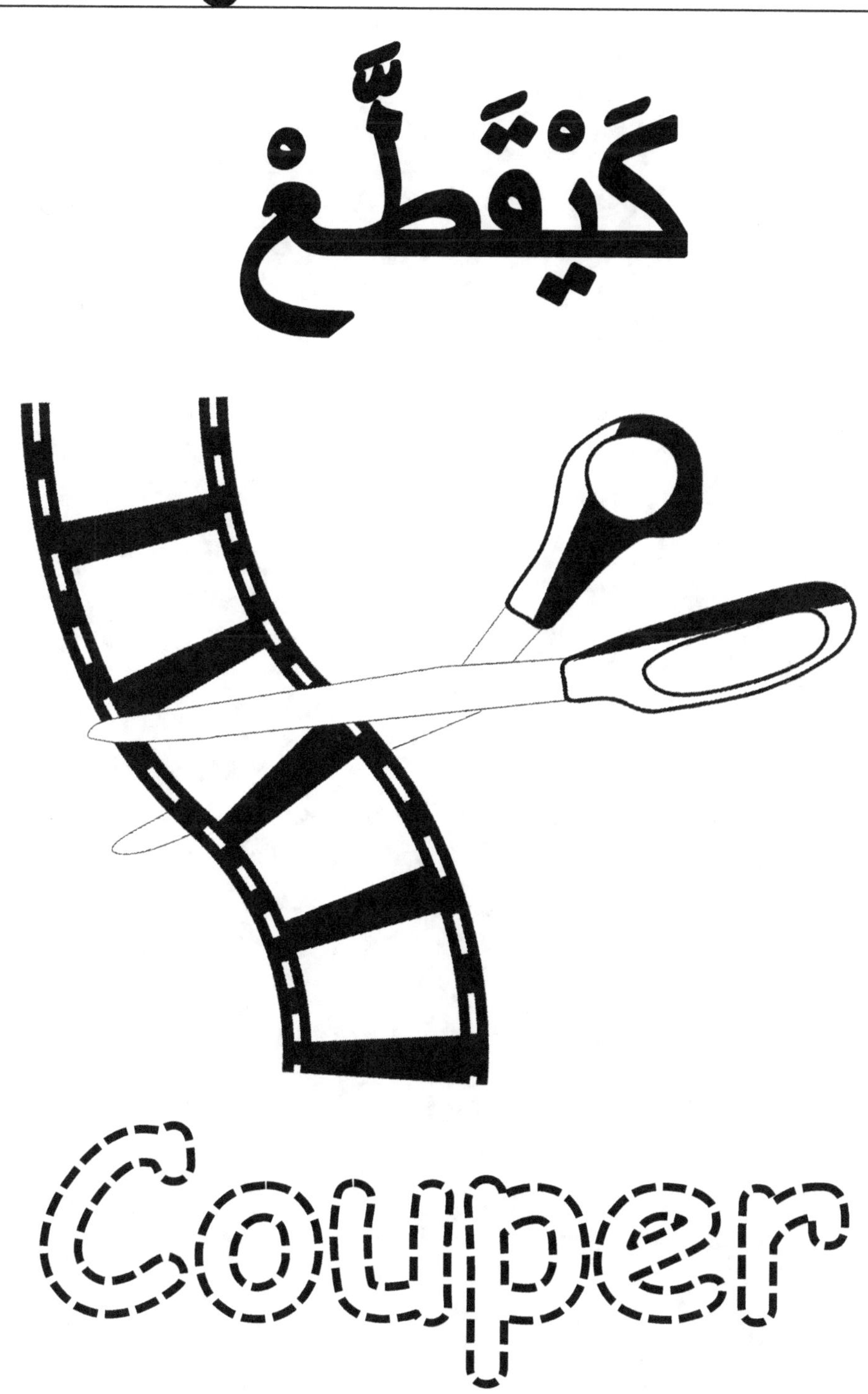

Couper

Kayjri

گَيْجْري

Courir

Kay3om

كَيْعُوْمْ

Nager

Kaysadda9

كَيْصَدَّقْ

Donner

N3as

نُعَسْ

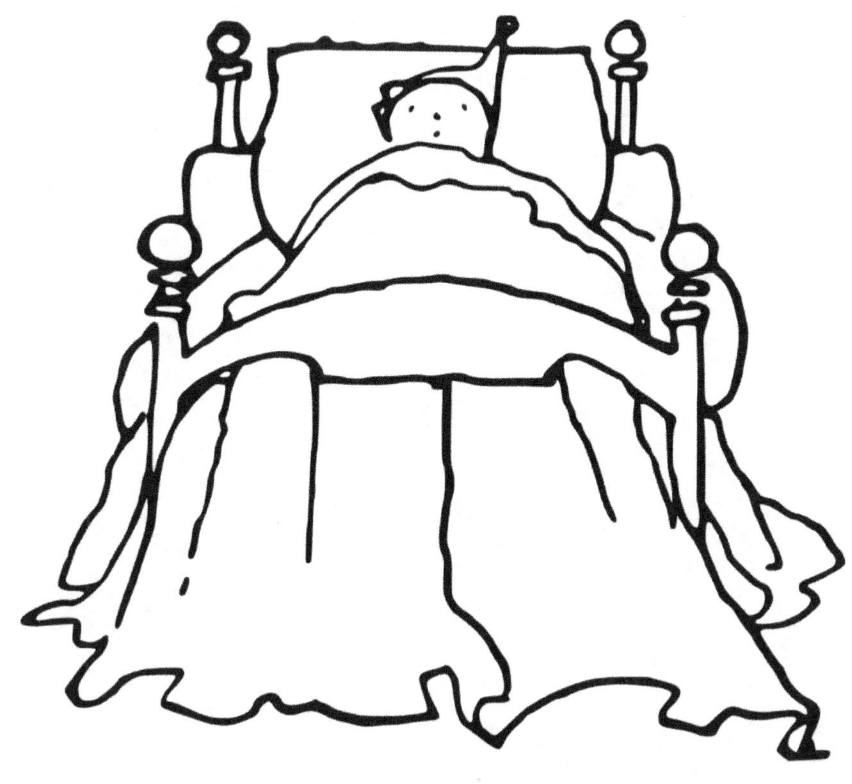

Dormir

Kaysma3

كَيْسْمَعْ

Écouter

Kaykteb

كَيْكْتَب

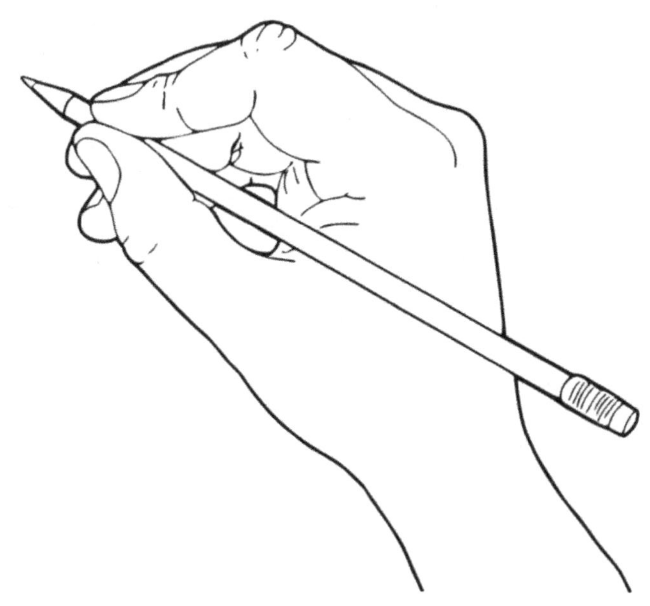

Écrire

Kayrssel

گَیْرسَلْ

Envoyer

Kaylbes

كَيْبَسْن

Porter

Kayghssel

كَيْغْسَلْ

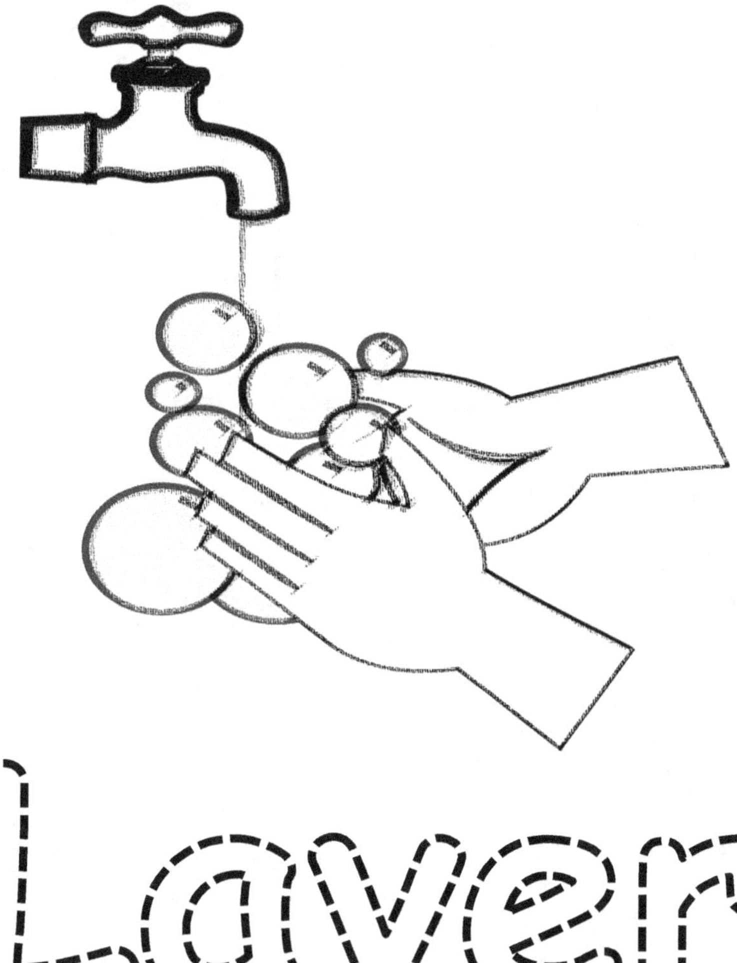

Laver

Kayrmi

گَیْزِمِي

Jeter

Kaynadaf

Nettoyer

Kaytmcha

كَيْتْمَشّ

Marcher

Kaywarri

كَيْوَرّي

Montrer

Kaychra7

كَيْشُرَخْ

Expliquer

Kayhdar

گَيْهـدَرْ

Parler

Kaykhallas

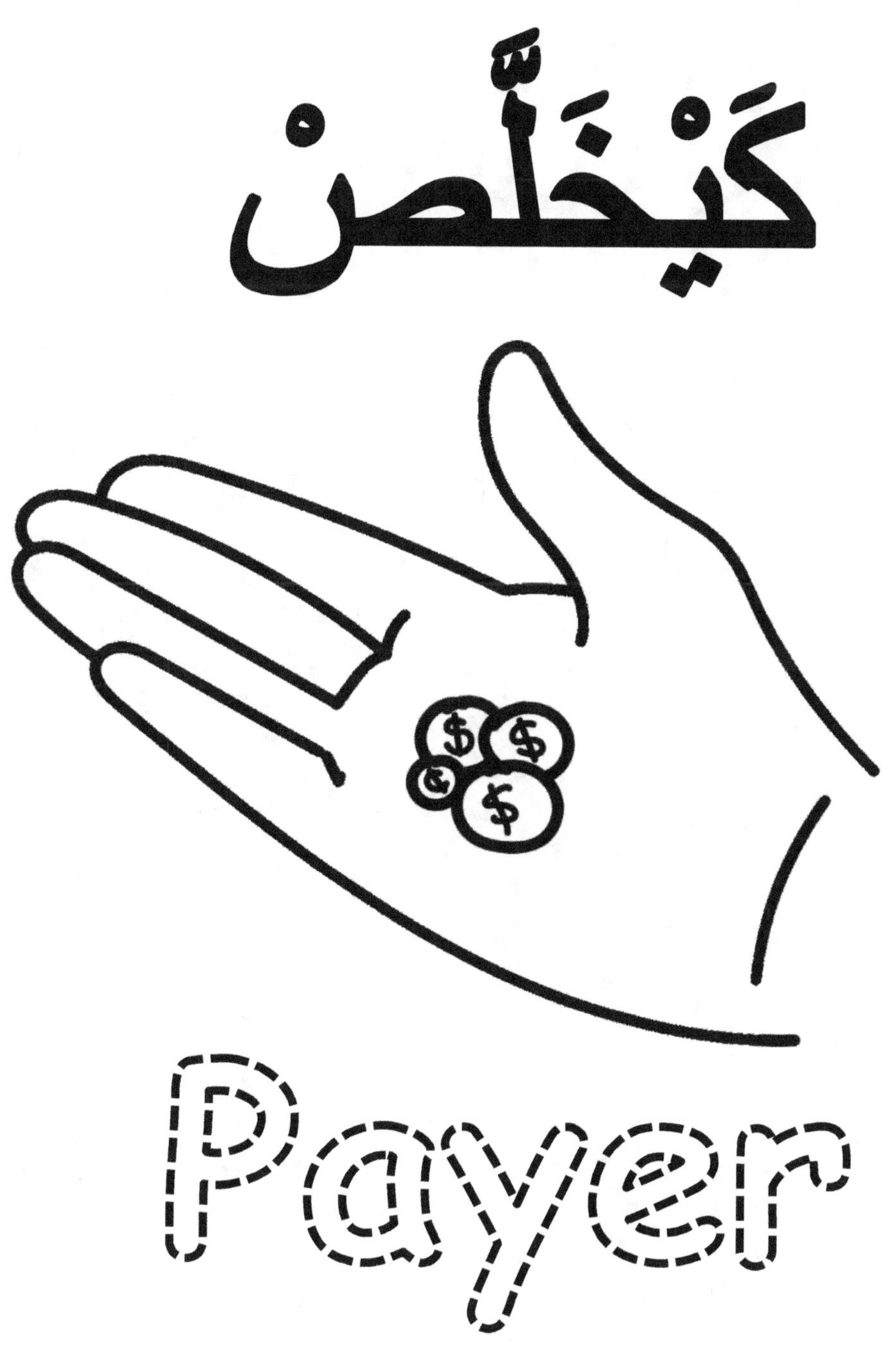

كَيْخَلّْص

Payer

Kayakol

كَيَّاكُلْ

Manger